L-ewwel dizzjunarju tiegħi

Malti   Ingliż

Ingliż   Malti

Nixtiequ nirringrazzjaw lill-kapijiet ta'
l-iskejjel u lill-għalliema kollha
għall-kummenti u s-suġġerimenti
tagħhom aħna
u nfasslu dan il-ktieb.

Pubblikazzjoni Plato Publications

Mitbugħ Gutenberg Press

© Plato Publications 2005

ISBN 99909 - 72 - 42 - 7

Distribuzzjoni B.D.L.

L-ewwel dizzjunarju tiegħi

dan
il-ktieb hu ta'

....

skola....................

klassi....................

l-ewwel
taqsima

Malti

Ingliż

L-alfabett Malti

Aa Bb Ċċ Dd Ee

Ff Ġġ Gg Għ għ

Hh Ħħ Ii ie Jj

Kk Ll Mm Nn Oo

Pp Qq Rr Ss

Tt Uu Vv Ww

Xx Zz Żż

Malti | Ingliż

alfabett
alphabet

ambulanza
ambulance

anġlu
angel

ankra
anchor

arblu
flagpole

Malti

Ingliż

arka
ark

arloġġ
clock

arpa
harp

artal
altar

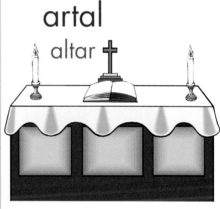

artist
artist

astronawta
astronaut

Malti	Ingliż

B b

baħar
sea

banana
banana

ballun
ball

bandiera
flag

banju
bath

Malti

Ingliż

barmil
bucket

bir
well

blata
rock

borma
pot

buffu
clown

butir
butter

Malti

Ingliż

Ċ ċ

ċafċaf
splash

ċana
plane

ċawla
crow

ċerva
deer

ċikkulata
chocolate

Malti

ċinju
swan

ċintorin
belt

ċirku
circus

ċirasa
cherry

ċoff
bow

ċumnija
chimney

Malti

Ingliż

Dd

dell
shadow

denfil
dolphin

dielja
vine

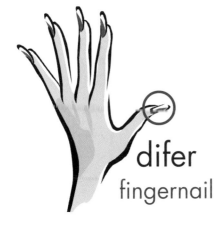

difer
fingernail

dqiq
flour

dragun
dragon

drapp
material

dublett
skirt

dudu
worm

duħħan
smoke

dundjan
turkey

Malti

Ingliż

E e

elmu
helmet

F f

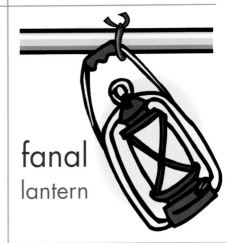

fanal
lantern

farfett
butterfly

fażola
bean

Malti

Ingliż

fellus
chick

flixkun
bottle

foresta
forest

flus
money

frawla
strawberry

frott
fruit

Malti

Ingliż

Ġg

ġebla
stone

ġemel
camel

ġewnaħ
wing

ġibs
chalk

ġewża
walnut

Malti

Ingliż

ġidra
turnip

ġilju
lily

ġnien
garden

ġobon
cheese

ġolġol
rattle

ġurat
locust

Malti

Ingliż

Gg

gaġġa
cage

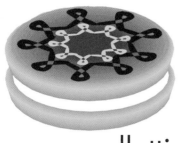

gallettina
biscuit

gawwi
sea gull

gazzetta
newspaper

geddum
chin

gidi
kid

gomma
rubber

gondola
gondola

granċ
crab

gremxula
lizard

gverta
blanket

Malti

Ingliż

għ

għadma
bone

għalliema
teacher

għamara
furniture

għanqbuta
cobweb

għar
cave

Malti

Ingliż

għasfur
bird

għeneb
grapes

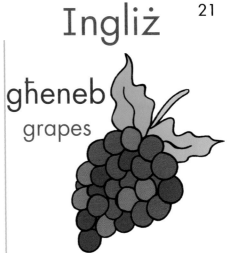

għodda
tools

għoġol
calf

Hh

hemm
there

hawn
here

Malti

Ingliż

Ħħ

ħabel
rope

ħajt
wall

ħanut
shop

ħanżir
pig

ħaruf
lamb

Malti

Ingliż

ħawħa
peach

ħelu
sweets

ħmar
donkey

ħobża
bread

ħuta
fish

ħxejjex
vegetables

Malti

Ingliż

I i

id
hand

imnieħer
nose

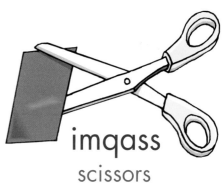

imqass
scissors

injam
wood

ittra
letter

ie

ħbi̲e̲b
friends

Mili̲e̲d
Christmas

sewwi̲e̲q
driver

Jj

jott
yacht

Malti

Ingliż

Kk

kamra
room

karfus
celery

karozza
car

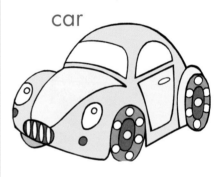

karrettun
cart

karus
money box

Malti

Ingliż

kaxxa
box

kejk
cake

kexxun
drawer

knisja
church

kok
cook

ktieb
book

Malti

Ingliż

L l

laħam
meat

landa
tin

lanċa
ferry

langasa
pear

lapes
pencil

Malti

Ingliż

larinġa
orange

lembut
funnel

libsa
dress

lsien
tongue

lumiċella
lime

lupu
wolf

Malti   Ingliż

Mm

maktur
handkerchief

mara
woman

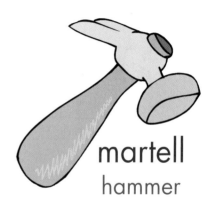

martell
hammer

mejda
table

melħ
salt

mera
mirror

mgħarfa
spoon

mina
tunnel

mitħna
mill

miżien
scales

mogħża
goat

Malti

Ingliż

N n

nagħġa
sheep

naħla
bee

nanna
grandmother

nemusa
mosquito

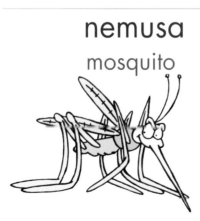

nuċċali
spectacles

Malti

Ingliż

ocean
ocean

oħxon
fat

omm
mother

orgni
organ

ors
bear

Malti

Ingliż

Pp

pala
spade

papoċċ
slippers

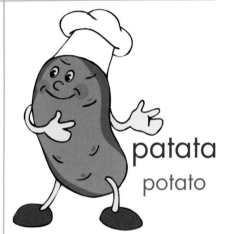

patata
potato

peprina
poppy

pipa
pipe

Malti

Ingliż

piżelli

peas

pjanu

piano

pramm

pram

prinċipessa

princess

pulizija

policeman

pultruna

armchair

Malti

Ingliż

Qq

qalb
heart

qalziet
trousers

qamar
moon

qanpiena
bell

qasba
fishing rod

Malti

Ingliż

qasrija
flower pot

qassis
priest

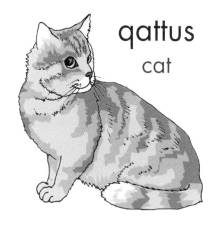

qattus
cat

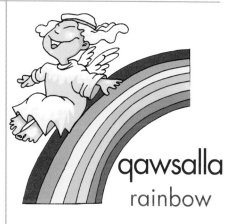

qawsalla
rainbow

qmis
shirt

qoffa
basket

Malti

Ingliż

Rr

raġel
man

ragħaj
shepherd

ramel
sand

ras
head

riħ
wind

Malti

Ingliż

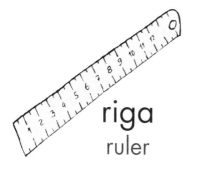

riga
ruler

rigal
present

rizza
sea urchin

rixa
feather

ross
rice

rota
wheel

Malti

Ingliż

S s

sajjied
fisherman

salib
cross

sandla
sandal

serduq
cock

serp
snake

Malti

Ingliż

sħaba
cloud

siġġu
chair

siġra
tree

skola
school

snien
teeth

sufan
sofa

Malti

Ingliż

Tt

tabib
doctor

taġen
frying pan

talba
prayer

taraġ
stairs

tarbija
baby

Malti

Ingliż

telefown
telephone

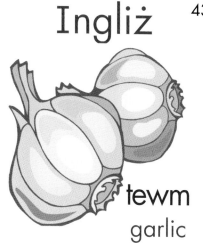

tewm
garlic

tewmin
twins

tifel
boy

tifla
girl

torri
tower

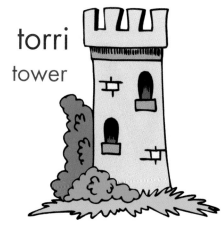

Malti

Ingliż

Uu

ufficcju
office

uniformi
uniform

uviera
egg cup

Vv

vapur
ship

Malti

Ingliż

vaska
pond

vavalor
bib

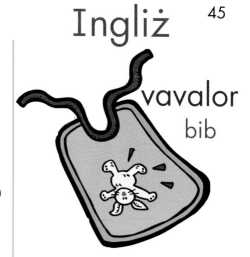

villaġġ
village

vit
tap

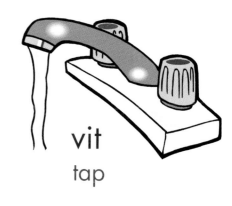

volpi
fox

vulkan
volcano

Malti

Ingliż

Ww

werqa
leaf

wiċċ
face

widna
ear

wied
valley

wirdiena
cockroach

Malti | Ingliż

Xx

xadina
monkey

xemgħa
candle

xemx
sun

xewka
thorn

xkora
sack

Malti

Ingliż

Z z

zalzett
sausage

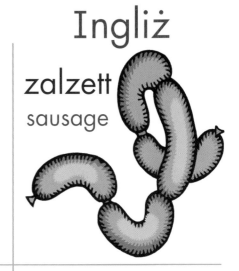

ziju
uncle

zokk
tree trunk

zokkor
sugar

zunnarija
carrot

Malti

Ingliż

Żż

żebbuġ
olive

żejt
oil

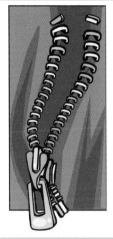

żipp
zip

żugraga
spinning top

żunżana
wasp

it-tieni taqsima

Ingliż

Malti

L-alfabett Ingliż

Aa   Bb   Cc   Dd   Ee

Ff   Gg   Hh   Ii   Jj

Kk   Ll   Mm   Nn   Oo

Pp   Qq   Rr   Ss   Tt

Uu   Vv   Ww

Xx   Yy   Zz

Ingliż | Malti

A a

alien
aljen

animals
annimali

ant
nemla

apple
tuffieħa

apron
fardal

Ingliż
Malti

arch
ħnejja

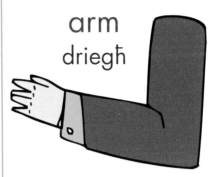

arm
drigħ

army
armata

arrow
vleġġa

artichoke
qaqoċċa

axe
mannara

Ingliż

Malti

Bb

balloon
bużżieqa

bandage
faxxa

beads
żibeġ

beak
munqar

beard
daqna

Ingliż

Malti

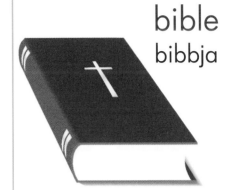

bible
bibbja

bed
sodda

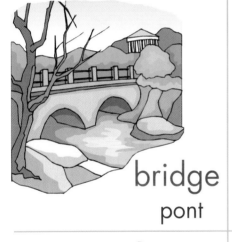

bridge
pont

broom
xkupa

brush
pinzell

button
buttuna

Ingliż

Malti

C c

cabbage
kaboċċa

carpet
tapit

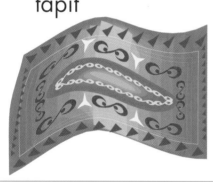

castle
kastell

chicken
tiġieġa

chain
katina

Ingliż

Malti

cot
benniena

comb
pettne

cow
baqra

crane
krejn

crown
kuruna

cup
kikkra

Ingliż   Malti

Dd

desk
skrivanija

dice
dadi

dinosaur
dinosawru

dish
dixx

dog
kelb

Ingliż

Malti

doll
pupa

door
bieb

drum
tanbur

dove
ħamiema

duck
papra

dummy
gażaża

Ingliż | Malti

E e

eagle
ajkla

earring
misluta

echo
eku

egg
bajda

elbow
minkeb

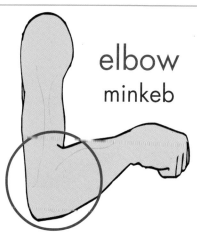

Ingliż

Malti

elephant
iljunfant

engine
magna

envelope
envelop

eskimo
eskimiż

exercise book
pitazz

eye
għajn

Ingliż

Malti

F f

field
għalqa

fig
tin

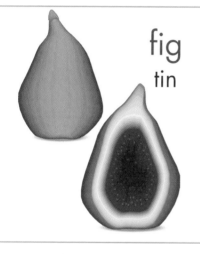

finger
saba'

fire
nar

flower
fjura

fly
dubbiena

food
ikel

foot
sieq

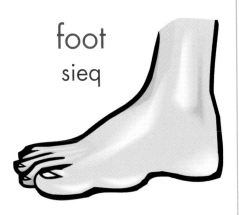

fork
furketta

fountain
funtana

frog
żrinġ

Ingliż | Malti

G g

game
logħba

gate
xatba

ghost
fatat

giant
ġgant

giraffe
ġiraffa

Ingliż

Malti

glass
tazza

gloves
ingwanti

gold
deheb

goose
wiżża

gorilla
gurilla

guitar
kitarra

Ingliż | Malti

Hh

hair
xagħar

ham
perżut

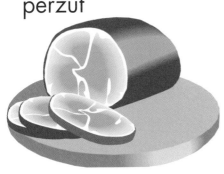

hanger
spalliera

hat
kappell

hedgehog
qanfud

hill
għolja

honey
għasel

hook
ganċ

horse
żiemel

hospital
sptar

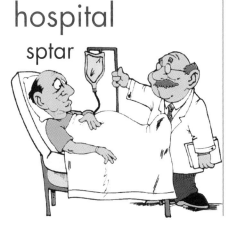

house
dar

Ingliż

Malti

I i

ice-cream
ġelat

igloo
iglù

indian
indjan

ink
inka

island
gżira

Ingliż

Malti

J j

jacket
ġlekk

jam
ġamm

jewel
ġojjell

jug
buqar

jungle
ġungla

Ingliż | Malti

K k

kangaroo
kangarù

kettle
kitla

key
ċavetta

king
re

kiss
bewsa

Ingliż

Malti

kitchen
kċina

kite
tajra

kitten
mejxu

knee
rkobba

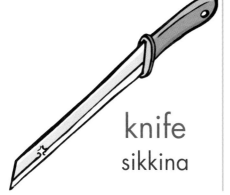

knife
sikkina

knot
għoqda

Ingliż

Malti

Ll

lace
lazz

ladder
sellum

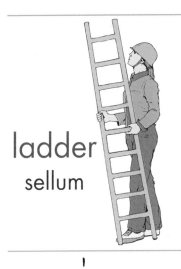

ladybird
nannakola

lamp
lampa

leg
riġel

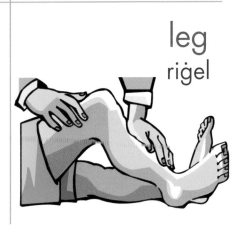

Ingliż

Malti

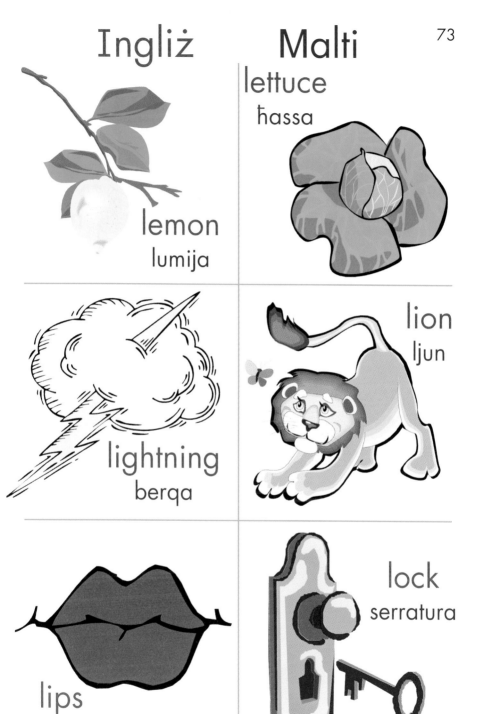

lemon
lumija

lettuce
ħassa

lightning
berqa

lion
ljun

lips
xufftejn

lock
serratura

Ingliż   Malti

Mm

map
mappa

mattress
saqqu

medicine
mistura

melon
dulliegħa

mermaid
sirena

milk
ħalib

monk
patri

mop
mopp

mouse
ġurdien

mouth
ħalq

mushroom
faqqiegħ

Ingliż

Malti

nail
musmar

napkin
sarvetta

nappy
ħarqa

neck
għonq

necklace
ġiżirana

Ingliż Malti

needle
labra

nest
bejta

net
kopp

night
lejl

nun
soru

nurse
ners

Ingliż

Malti

O o

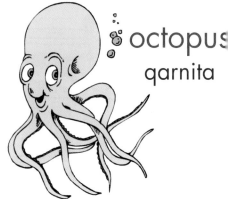 octopus
qarnita

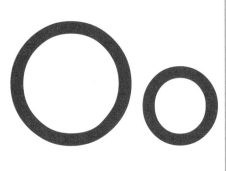

onion
basla

ostrich
nagħma

oven
forn

owl
kokka

P p

paint
żebgħa

panda
panda

parrot
pappagall

peacock
pagun

pen
pinna

Ingliż   Malti

P p

penguin
pingwin

pepper
bżar

pie
torta

plant
pjanta

pillow
imħadda

Ingliż

Malti

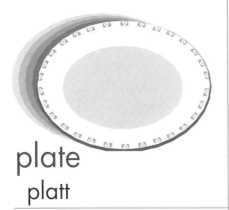

plate
platt

puppy
ġeru

Qq

1/4

quarter
kwart

queen
reġina

quilt
kwilt

82

Ingliż

Malti

R r

rabbit
fenek

race
tiġrija

radio
radju

rain
xita

ribbon
żigarella

Ingliż

Malti

river

xmara

ring

ċurkett

road

triq

robin

pitirross

robot

robot

roof

bejt

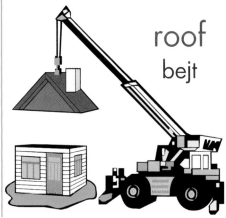

Ingliż

Malti

S s

sail
qlugħ

saucer
plattina

saw
serrieq

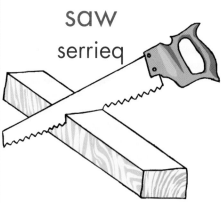

scarf
xalpa

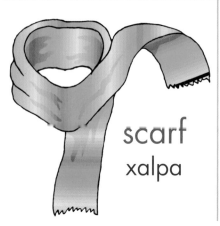

scooter
skuter

Ingliż   Malti

shelf
xkaffa

seed
żerriegħa

shoe
żarbuna

shell
arzella

snail
bebbuxu

slide
żurżieqa

Ingliż

Malti

S s

snow
borra

socks
kalzetti

soap
sapuna

spider
brimba

swing
bandla

Ingliż

Malti

T t

tear
demgħa

tent
kamp

tie
ingravata

tomato
tadama

tiger
tigra

Ingliż

Malti

T t

torch
torċ

towel
xugaman

toys
ġugarelli

treasure
teżor

turtle
fekruna

Ingliż

Malti

U u

umbrella
umbrella

V v

van
vann

violin
vjolin

vase
važun

Ingliż

Malti

Ww

water
ilma

whale
baliena

window
tieqa

witch
saħħara

wool
suf

Ingliż	Malti

Xx

xylophone
silofonu

Yy

yo-yo
jowjow

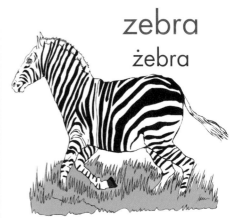

Zz

zebra
żebra

it-tielet taqsima

F'din it-taqsima l-kliem huwa migbur f'suggetti differenti.

In this section the words are grouped under various subject headings.

Malti   Ingliż

staġuni
seasons

rebbiegħa
spring

sajf
summer

ħarifa
autumn

xitwa
winter

ix-xhur tas-sena

Jannar
January

Frar
February

Marzu
March

April
April

Mejju
May

Ġunju
June

months of the year ⁹⁵

Lulju
July

Awwissu
August

Settembru
September

Ottubru
October

Novembru
November

Diċembru
December

Malti   Ingliż
il-ġranet   days of
tal-ġimgħa   the week

It-Tnejn.............................Monday

It-Tlieta.............................Tuesday

L-Erbgħa.........................Wednesday

Il-Ħamis..........................Thursday

Il-Ġimgħa........................Friday

Is-Sibt.............................Saturday

Il-Ħadd...........................Sunday

Malti

Ingliż

bnadar
flags

L-Awstralja
Australia

L-Awstrija
Austria

Il-Belġju
Belgium

Id-Danimarka
Denmark

Il-Finlandja
Finland

Malti

Ingliż

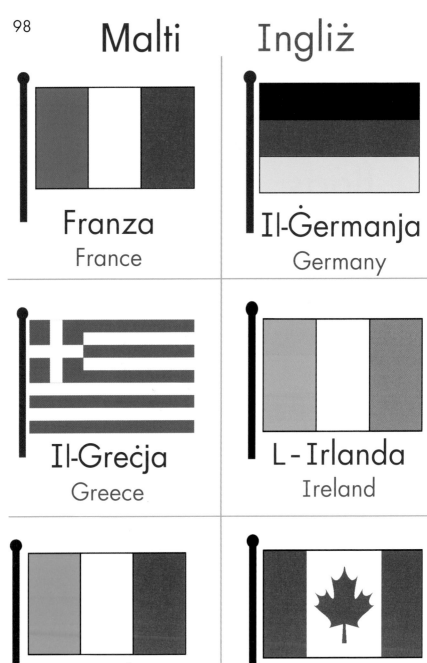

Franza
France

Il-Ġermanja
Germany

Il-Greċja
Greece

L-Irlanda
Ireland

L-Italja
Italy

Il-Kanada
Canada

Malti   Ingliż

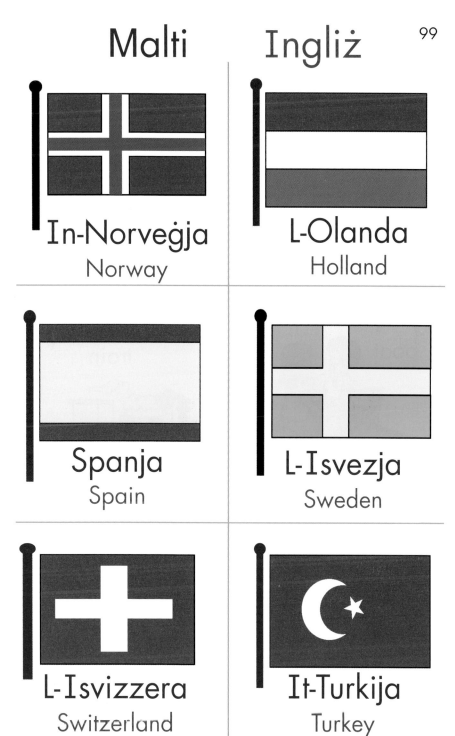

In-Norveġja
Norway

L-Olanda
Holland

Spanja
Spain

L-Isvezja
Sweden

L-Isvizzera
Switzerland

It-Turkija
Turkey

Malti	Ingliż

trasport
transport

ajruplan
aeroplane

dgħajsa
boat

ferrovija
train

ħelikopter
helicopter

karozza
car

Malti   Ingliż

mutur
motorbike

karozza tal-linja
bus

rokit
rocket

rota
bicycle

trakk
truck

vapur
ship

Malti | Ingliż

forom
shapes

čilindru
cylinder

čirku
circle

djamant
diamond

kon
cone

kubu
cube

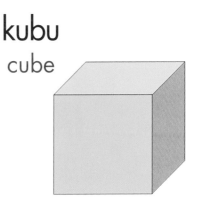

Malti

Ingliż

kwadru
square

ovali
oval

piramida
pyramid

rettanglu
rectangle

stilla
star

trianglu
triangle

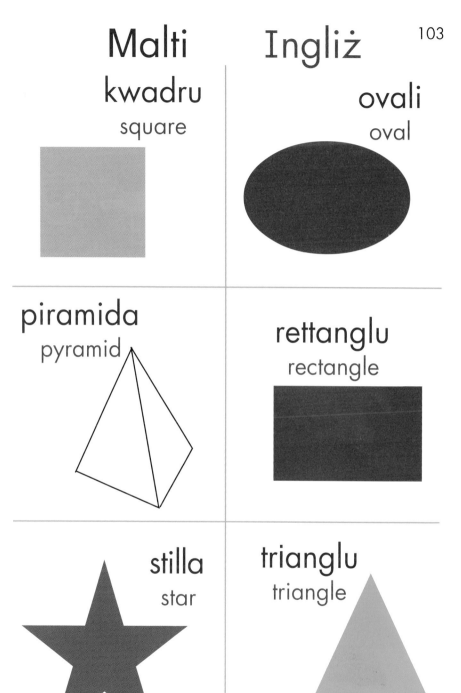

Malti

Ingliż

kuluri
colours

abjad
white

aħdar
green

aħmar
red

ċelesti
light blue

blu
blue

Malti

Ingliż

iswed
black

isfar
yellow

kannella
brown

oranġjo
orange

roża
pink

vjola
purple

Malti

Ingliż

kuntrarji
opposites

imdejjaq
sad

ferħan
happy

twil
tall

qasir
short

oħxon
fat

irqiqa
thin

kbir
big

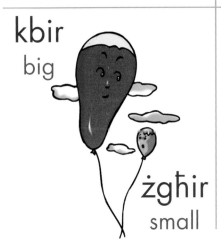

żgħir
small

sħun
hot

kiesaħ
cold

Malti

Ingliż

imxarrab
wet

niexef
dry

fuq
up

isfel
down

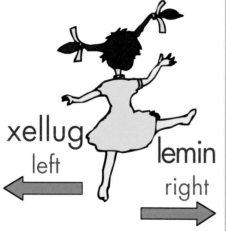

xellug
left

lemin
right

għoli
high

baxx
low

tifel
boy

tifla
girl

maħmuġa
dirty

nadifa
clean

Malti	Ingliż
aktar frott u ħxejjex	more fruit and vegetables

berquqa
apricot

bringiela
egg plant

għambaqra
plum

ħjara
cucumber

kappar
caper

mandolina
mandarin

pastarda
cauliflower

pitrava
beetroot

qargħa ħamra
pumpkin

spinaċi
spinach

Malti
nies fuq ix-xogħol
people at work

Ingliż

avukat
lawyer

barbier
barber

bennej
builder

bidwi
farmer

furnar
baker

ħajjat
tailor

pilota
pilot

pustier
postman

seftura
maid

segretarja
secretary

suldat
soldier

Malti

Ingliż

in-numri
numbers

wieħed
one

1

tnejn
two

2

tlieta
three

3

erbgħa
four

4

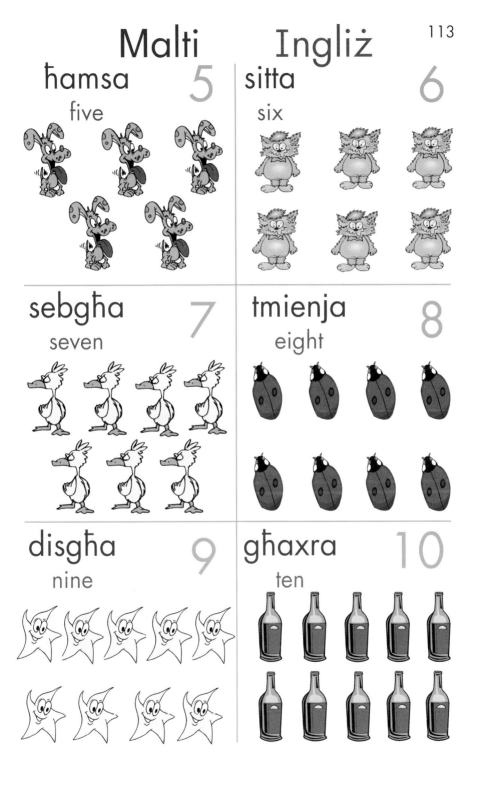

Malti   Ingliż

ħamsa   5
five

sitta   6
six

sebgħa   7
seven

tmienja   8
eight

disgħa   9
nine

għaxra   10
ten

Malti

Ingliż

passatempi
hobbies

ballett
ballet

futbol
football

ġinnastika
gymnastics

għawm
swimming

kant
singing

Malti   Ingliż

kompjuter
computer

mużika
music

qari
reading

sajd
fishing

tpinġija
painting

tisjir
cooking

Malti

Ingliż

azzjonijiet
actions

ċikliżmu
cycling

ġbid
pulling

eżerċizzju
exercising

ġiri
running

marċjar
marching

mixi
walking

qbiż
jumping

skejzjar
skating

skijjar
skiing

tkaxkir
crawling

żfin
dancing

Indiċi – Ingliż

Aa

actions	116
aeroplane	100
alien	52
alphabet	6
altar	7
ambulance	6
anchor	6
angel	6
animals	52
ant	52
apple	52
apricot	108
April	94
apron	52
arch	53
ark	7
arm	53
armchair	35
army	53
arrow	53
artichoke	53
artist	7
astronaut	7
August	95
Australia	97
Austria	97
autumn	93
axe	53

Bb

baby	42
baker	110
ball	8
ballet	114
balloon	54
banana	8
bandage	54
barber	110
basket	37

bath	8
beads	54
beak	54
bean	14
bear	33
beard	54
bed	55
bee	32
beetroot	109
Belgium	97
bell	36
belt	11
bib	45
bible	55
bicycle	101
big	106
bird	21
biscuit	18
black	105
blanket	19
blue	104
boat	100
bone	20
book	27
bottle	15
bow	11
box	27
boy	43, 107
bread	23
bridge	55
broom	55
brown	105
brush	55
bucket	9
builder	110
bus	101
butter	9
butterfly	14
button	55

Cc

cabbage	56
cage	18
cake	27
calf	21
camel	16
Canada	98
candle	47
caper	109
car	26, 100
carpet	56
carrot	48
cart	26
castle	56
cat	37
cauliflower	109
cave	20
celery	26
chain	56
chair	41
chalk	16
cheese	17
cherry	11
chick	15
chicken	56
chimney	11
chin	18
chocolate	10
Christmas	25
church	27
circle	102
circus	11
clean	107
clock	7
cloud	41
clown	9
cobweb	20
cock	40
cockroach	46
cold	106
colours	104
comb	57

computer	115
cone	102
cook	27
cooking	115
cot	57
cow	57
crab	19
crane	57
crawling	117
cross	40
crow	10
crown	57
cube	102
cucumber	108
cup	57
cycling	116
cylinder	102

Dd

dancing	117
December	95
deer	10
Denmark	97
desk	58
diamond	102
dice	58
dinosaur	58
dirty	107
dish	58
doctor	42
dog	58
doll	59
dolphin	12
donkey	23
door	59
dove	59
down	107
dragon	13
drawer	27
dress	29
driver	25

drum	59
dry	107
duck	59
dummy	59

Ee

eagle	60
ear	46
earring	60
echo	60
egg	60
egg cup	44
egg plant	108
eight	113
elbow	60
elephant	61
engine	61
envelope	61
eskimo	61
exercise book	61
exercising	116
eye	61

Ff

face	46
farmer	110
fat	33, 106
feather	39
February	94
ferry	28
field	62
fig	62
finger	62
finger nail	12
Finland	97
fire	62
fish	23
fisherman	40
fishing	115
fishing rod	36
five	113

flag	8
flagpole	6
flour	12
flower	62
flower pot	37
fly	63
food	63
foot	63
football	114
forest	15
fork	63
fountain	63
four	112
fox	45
France	98
Friday	96
friends	25
frog	63
fruit	15
frying pan	42
funnel	29
furniture	20

Gg

game	64
garden	17
garlic	43
gate	64
Germany	98
ghost	64
giant	64
giraffe	64
girl	43, 107
glass	65
gloves	65
goat	31
gold	65
gondola	19
goose	65
gorilla	65
grandmother	32

Indiċi – Ingliż

grapes	21	**Jj**		lightning	73		
Greece	98			lily	17		
green	104	jacket	69	lime	29		
guitar	65	jam	69	lion	73		
gymnastics	114	January	94	lips	73		
		jewel	69	lizard	19		
Hh		jug	69	lock	73		
hair	66	July	95	locust	17		
ham	66	jumping	117	low	107		
hammer	30	June	94				
hand	24	jungle	69	**Mm**			
handkerchief	30			maid	111		
hanger	66	**Kk**		man	38		
happy	106	kangaroo	70	mandarin	109		
harp	7	kettle	70	map	74		
hat	66	key	70	March	94		
head	38	kid	19	marching	116		
heart	36	king	70	material	13		
hedgehog	66	kiss	70	mattress	74		
helicopter	100	kitchen	71	May	94		
helmet	14	kite	71	meat	28		
here	21	kitten	71	medicine	74		
high	107	knee	71	melon	74		
hill	67	knife	71	mermaid	74		
hobbies	114	knot	71	milk	75		
Holland	99			mill	31		
honey	67	**Ll**		mirror	31		
hook	67	lace	72	Monday	96		
horse	67	ladder	72	money	15		
hospital	67	ladybird	72	money box	26		
hot	106	lamb	22	monk	75		
house	67	lamp	72	monkey	47		
		lantern	14	moon	36		
Ii		lawyer	110	mop	75		
ice-cream	68	leaf	46	mosquito	32		
igloo	68	left	107	mother	33		
indian	68	leg	72	motorbike	101		
ink	68	lemon	73	mouse	75		
Ireland	98	letter	24	mouth	75		
island	68	lettuce	73	mushroom	75		
Italy	98	light blue	104	music	115		

Nn

nail	76
napkin	76
nappy	76
neck	76
necklace	76
needle	77
nest	77
net	77
newspaper	18
night	77
nine	113
Norway	99
nose	24
November	95
numbers	112
nun	77
nurse	77

Oo

ocean	33
October	95
octopus	78
office	44
oil	49
olive	49
one	112
onion	78
opposites	106
orange	29, 105
organ	33
ostrich	78
oval	103
oven	78
owl	78

Pp

paint	79
painting	115
panda	79

parrot	79
peach	23
peacock	79
pear	28
peas	35
pen	79
pencil	28
penguin	80
pepper	80
piano	35
pie	80
pig	22
pillow	80
pilot	111
pink	105
pipe	34
plane	10
plant	80
plate	81
plum	108
people	110
policeman	35
pond	45
poppy	34
postman	111
pot	9
potato	34
pram	35
prayer	42
present	39
priest	37
princess	35
pulling	116
pumpkin	109
puppy	81
purple	105
pyramid	103

Qq

quarter	81
queen	81

quilt	81

Rr

rabbit	82
race	82
radio	82
rain	82
rainbow	37
rattle	17
reading	115
rectangle	103
red	104
ribbon	82
rice	39
right	107
ring	83
river	83
road	83
robin	83
robot	83
rock	9
rocket	101
roof	83
room	26
rope	22
rubber	19
ruler	39
running	116

Ss

sack	47
sad	106
sail	84
salt	30
sand	38
sandal	40
Saturday	96
saucer	84
sausage	48
saw	84
scales	31

Indiċi – Ingliż

scarf 84
school 41
scissors 24
scooter 84
sea 8
sea gull 18
sea urchin 39
seasons 93
secretary 111
seed 85
September 95
seven 113
shadow 12
shapes 102
sheep 32
shelf 85
shell 85
shepherd 38
ship 44, 101
shirt 37
shoe 85
shop 22
short 106
singing 114
six 113
skating 117
skiing 117
skirt 13
slide 85
slippers 34
small 106
smoke 13
snail 85
snake 40
snow 86
soap 86
socks 86
sofa 41
soldier 111
spade 34
Spain 99

spectacles 32
spider 86
spinach 109
spinning top 49
splash 10
spoon 31
spring 93
square 103
stairs 42
star 103
stone 16
strawberry 15
sugar 48
summer 93
sun 47
Sunday 96
swan 11
Sweden 99
sweets 23
swimming 114
swing 86
Switzerland 99

Tt

table 30
tailor 111
tall 106
tap 45
teacher 20
tear 87
teeth 41
telephone 43
ten 113
tent 87
there 21
thin 106
thorn 47
three 112
Thursday 96
tie 87
tiger 87

tin 28
tomato 87
tongue 29
tools 21
torch 88
towel 88
tower 43
toys 88
train 100
transport 100
treasure 88
tree 41
tree trunk 48
triangle 103
trousers 36
truck 101
Tuesday 96
tunnel 31
turkey 13
Turkey 99
turnip 17
turtle 88
twins 43
two 112

Uu

umbrella 89
uncle 48
uniform 44
up 107

Vv

valley 46
van 89
vase 89
vegetables 23
village 45
vine 12
violin 89
volcano 45

Ww

walking	117
wall	22
walnut	16
wasp	49
water	90
Wednesday	96
well	9
wet	107
whale	90
wheel	39
white	104
wind	38
window	90
wing	16

winter	93
witch	90
wolf	29
woman	30
wood	24
wool	90
work	110
worm	13

Xx

xylophone	91

Yy

yacht	25
yellow	105
yo-yo	91

Zz

zebra	91
zip	49

Indiċi – Malti

Aa

abjad	104
aħdar	104
aħmar	104
ajkla	60
ajruplan	100
alfabett	6
aljen	52
ambulanza	6
anġlu	6
ankra	6
annimali	52
April	94
arblu	6
arka	7
arloġġ	7
armata	53

arpa	7
artal	7
artist	7
arzella	85
astronawta	7
avukat	110
Awstralja	97
Awstrija	97
Awwissu	95
azzjonijiet	116

Bb

baħar	8
bajda	60
baliena	90
ballett	114
ballun	8
banana	8

bandiera	8
bandla	86
banju	8
baqra	57
barbier	110
barmil	9
basla	78
baxx	107
bebbuxu	85
bejt	83
bejta	77
Belġju	97
bennej	110
benniena	57
berqa	73
berquqa	108
bewsa	70
bibbja	55

Indiċi – Malti

bidwi	110	demgħa	87	ferħan	106
bieb	59	denfil	12	ferrovija	100
bir	9	dgħajsa	100	Finlandja	97
blata	9	Diċembru	95	fjura	62
blu	104	dielja	12	flixkun	15
borma	9	difer	12	flus	15
borra	86	dinosawru	58	foresta	15
brimba	86	disgħa	113	forn	78
brinġiela	108	dixx	58	forom	102
buffu	9	djamant	102	Franza	98
buqar	69	dqiq	12	Frar	94
butir	9	dragun	13	frawla	15
buttuna	55	drapp	13	frott	15
bużżieqa	54	driegħ	53	funtana	63
bżar	80	dubbiena	63	fuq	107
		dublett	13	furketta	63

Ċċ

		dudu	13	furnar	110
ċafċaf	10	duħħan	13	futbol	114
ċana	10	dulliegħa	74		
ċavetta	70	dundjan	13		

Ġġ

ċawla	10			ġamm	69
ċelesti	104	## Ee		ġbid	116
ċerva	10			ġebla	16
ċikkulata	10	eku	60	ġelat	68
ċikliżmu	116	elmu	14	ġemel	16
ċilindru	102	envelop	61	Ġermanja	98
ċinju	11	Erbgħa, L-	96	ġeru	81
ċintorin	11	erbgħa	112	ġewnaħ	16
ċirasa	11	eskimiż	61	ġewża	16
ċirku	11, 102	eżerċizzju	116	ġgant	64
ċoff	11			ġibs	16
ċumnija	11	## Ff		ġidra	17
ċurkett	83			ġilju	17

Dd

		fanal	14	Gimgħa, Il-	96
		faqqiegħ	75	ġinnastika	114
		fardal	52		
		farfett	14		
dadi	58	fatat	64	ġiraffa	64
Danimarka	97	faxxa	54	ġiri	116
daqna	54	fażola	14	ġiżirana	76
dar	67	fekruna	88	ġlekk	69
deheb	65	fellus	15	ġnien	17
dell	12	fenek	82	ġobon	17

ġojjell 69
ġolġol 17
ġugarelli 88
ġungla 69
Ġunju 94
ġurat 17
ġurdien 75

Gg

gaġġa 18
gallettina 18
ganċ 67
gawwi 18
gazzetta 18
gażaża 59
geddum 18
gidi 19
gomma 19
gondola 19
granċ 19
Greċja 98
gremxula 19
gurilla 65
gverta 19
gżira 68

Għ għ

għadma 20
għajn 61
għalliema 20
għalqa 62
għamara 20
għambaqra 108
għanqbuta 20
għar 20
għasel 67
għasfur 21
għawm 114
għaxra 113
għencb 21
għodda 21

għoġol 21
għoli 107
għolja 67
għonq 76
għoqda 71

Hh

hawn 21
hemm 21

Ħħ

ħabel 22
Ħadd, Il- 96
ħajjat 111
ħajt 22
ħalib 75
ħalq 75
ħamiema 59
Ħamis, Il- 96
ħamsa 113
ħanut 22
ħanżir 22
ħarifa 93
ħarqa 76
ħaruf 22
ħassa 73
ħawħa 23
ħbieb 25
ħelikopter 100
ħelu 23
ħjara 108
ħmar 23
ħnejja 53
ħobża 23
ħuta 23
ħxejjex 23

Ii

id 24
iglù 68
ikel 63

iljunfant 61
ilma 90
imħadda 80
imdejjaq 106
imnieħer 24
imqass 24
imxarrab 107
indjan 68
ingravata 87
ingwanti 65
injam 24
inka 68
Irlanda 98
irqiqa 106
isfar 105
isfel 107
iswed 105
Italja 98
ittra 24

Jj

Jannar 94
jott 25
jowjow 91

Kk

kaboċċa 56
kalzetti 86
kamp 87
kamra 26
Kanada 98
kangarù 70
kannella 105
kant 114
kappar 109
kappell 66
karfus 26
karozza 26, 100
karozza tal-linja 101
karrettun 26
kurus 26

Indiċi – Malti

kastell	56
katina	56
kaxxa	27
kbir	106
kċina	71
kejk	27
kelb	58
kexxun	27
kiesaħ	106
kikkra	57
kitarra	65
kitla	70
knisja	27
kok	27
kokka	78
kompjuter	115
kon	102
kopp	77
krejn	57
ktieb	27
kubu	102
kuluri	104
kuntrarji	106
kuruna	57
kwadru	103
kwart	81
kwilt	81

Ll

labra	77
lanċa	28
laħam	28
lampa	72
landa	28
lanġasa	28
lapes	28
larinġa	29
lazz	72
lejl	77
lembut	29
lemin	107

libsa	29
ljun	73
logħba	64
lsien	29
Lulju	95
lumiċella	29
lumija	73
lupu	29

Mm

magna	61
maħmuġa	107
maktur	30
mandolina	109
mannara	53
mappa	74
mara	30
marċjar	116
martell	30
Marzu	94
mejda	30
Mejju	94
mejxu	71
melħ	30
mera	31
mgħarfa	31
Milied	25
mina	31
minkeb	60
misluta	60
mistura	74
mitħna	31
mixi	117
miżien	31
mogħża	31
mopp	75
munqar	54
musmar	76
mutur	101
mużika	115

Nn

nadifa	107
nagħġa	32
nagħma	78
naħla	32
nanna	32
nannakola	72
nar	62
nemla	52
nemusa	32
ners	77
nies	110
niexef	107
Norveġja	99
Novembru	95
nuċċali	32
numri	112

Oo

oċean	33
oħxon	33, 106
Olanda	99
omm	33
oranġjo	105
orgni	33
ors	33
Ottubru	95
ovali	103

Pp

pagun	79
pala	34
panda	79
papoċċ	34
puppugall	79
papra	59
passatempi	114
pastarda	109
patata	34
patri	75

peprina	34	qbiż	117	segretarja	111
perżut	66	qlugħ	84	sellum	72
pettne	57	qmis	37	serduq	40
pilota	111	qoffa	37	serp	40
pingwin	80			serratura	73
pinna	79	**Rr**		serrieq	84
pinzell	55	radju	82	Settembru	95
pipa	34	raġel	38	sewwieq	25
piramida	103	ragħaj	38	sħaba	41
pitazz	61	ramel	38	sħun	106
pitirross	83	ras	38	Sibt, Is-	96
pitrava	109	re	70	sieq	63
piżelli	35	rebbiegħa	93	siġġu	41
pjanta	80	reġina	81	siġra	41
pjanu	35	rettanglu	103	sikkina	71
platt	81	riġel	72	silofonu	91
plattina	84	riga	39	sirena	74
pont	55	rigal	39	sitta	113
pramm	35	riħ	38	skejzjar	117
prinċipessa	35	rixa	39	skijjar	117
pulizija	35	rizza	39	skola	41
pultruna	35	rkobba	71	skrivanija	58
pupa	59	robot	83	skuter	84
pustier	111	rokit	101	snien	41
		ross	39	sodda	55
Qq		rota	39, 101	soru	77
qalb	36	roża	105	spalliera	66
qalziet	36			Spanja	99
qamar	36	**Ss**		spinaċi	109
qanfud	66	saba'	62	sptar	67
qanpiena	36	saħħara	90	staġuni	93
qaqoċċa	53	sajd	115	stilla	103
qargħa ħamra	109	sajf	93	suf	90
qari	115	sajjied	40	sufan	41
qarnita	78	salib	40	suldat	111
qasba	36	sandla	40	Svezja	99
qasir	106	sapuna	86	Svizzera	99
qasrija	37	saqqu	74		
qassis	37	sarvetta	76	**Tt**	
qattus	37	sebgħa	113	tabib	42
qawsalla	37	seftura	111	tadama	87

Indiċi – Malti

taġen	42	uniformi	44	xogħol	110
tajra	71	uviera	44	xufftejn	73
talba	42			xugaman	88
tanbur	59	**Vv**			

Vv

tapit	56	vann	89

Zz

taraġ	42	vapur	44, 101	zalzett	48
tarbija	42	vaska	45	ziju	48
tazza	65	vavalor	45	zokk	48
telefown	43	važun	89	zokkor	48
tewm	43	villaġġ	45	zunnarija	48
tewmin	43	vit	45

Żż

teżor	88	vjola	105
tieqa	90	vjolin	89	żarbuna	85
tifel	43, 107	vleġġa	53	żebbuġ	49
tifla	43, 107	volpi	45	żebgħa	79
tiġieġa	56	vulkan	45	żebra	91
tiġrija	82			żejt	49

Ww

tigra	87			żerriegħa	85
tin	62	werqa	46	żfin	117
tisjir	115	wiċċ	46	żgħir	106
tkaxkir	117	widna	46	żibeġ	54
Tlieta, It-	96	wieħed	112	żiemel	67
tlieta	112	wied	46	żigarella	82
tmienja	113	wirdiena	46	żipp	49
Tnejn, It-	96	wiżża	65	żrinġ	63
tnejn	112			żugraga	49
torċ	88			żunżana	49

Xx

torri	43	xadina	47	żurżieqa	85
torta	80	xagħar	66
tpinġija	115	xalpa	84
trakk	101	xatba	64
trasport	100	xellug	107
trianglu	103	xemgħa	47
triq	83	xemx	47
tuffieħa	52	xewka	47
Turkija	99	xita	82
twil	106	xitwa	93
		xkaffa	85

Uu

		xkora	47
uffiċċju	44	xkupa	55
umbrella	89	xmara	83